LAS MATEMÁTICAS EN NUESTRO MUNDO

VAMOS A
HACER GRÁFICAS
DE NUESTRAS COSAS FAVORITAS

Por Jennifer Marrewa
Fotografías de Patrick Espinosa

Consultora de lectura: Susan Nations, M.Ed.,
autora/consultora de alfabetización/consultora de desarrollo de la lectura
Consultora de matemáticas: Rhea Stewart, M.A.,
especialista en recursos curriculares de matemáticas

WEEKLY READER®
PUBLISHING

Please visit our web site at **www.garethstevens.com**
For a free color catalog describing our list of high-quality books,
call 1-800-542-2595 (USA) or 1-800-387-3178 (Canada). Our fax: 1-877-542-2596

Library of Congress Cataloging-in-Publication Data available upon request from publisher.

ISBN-13: 978-0-8368-9026-6 (lib. bdg.)
ISBN-10: 0-8368-9026-4 (lib. bdg.)
ISBN-13: 978-0-8368-9035-8 (softcover)
ISBN-10: 0-8368-9035-3 (softcover)

This edition first published in 2008 by
Weekly Reader® Books
An Imprint of Gareth Stevens Publishing
1 Reader's Digest Road
Pleasantville, NY 10570-7000 USA

Senior Editor: Brian Fitzgerald
Creative Director: Lisa Donovan
Graphic Designer: Alexandria Davis

Spanish edition produced by A+ Media, Inc.
Editorial Director: Julio Abreu
Chief Translator: Luis Albores
Production Designer: Phillip Gill

Printed in the United States

1 2 3 4 5 6 7 8 9 10 09 08 07

CONTENIDO

Las palabras que aparecen en el glosario están impresas en **negritas** la primera vez que se usan en el texto.

Capítulo 1:
¿Dónde haremos la fiesta?

La escuela casi ha terminado. Los niños del vecindario están planeando una fiesta de verano de los apartamentos. Todos los que viven en los apartamentos estarán invitados. Se reunirán en el apartamento de Emma. Su abuela les ayudará a planear la fiesta.

Los niños del vecindario planean la fiesta de verano de los apartamentos.

Primero, elegirán dónde hacer la fiesta.
Tienen tres ideas. Podrían hacerla en uno de los
apartamentos. El patio que separa los edificios de
apartamentos es otra opción. También pueden
hacer la fiesta en el parque del vecindario.

Clancy hace una lista de las tres opciones. Los niños necesitan escoger un lugar para hacer la fiesta. Votarán para decidir. Los niños escriben sus nombres en el papel. Votan por el mejor lugar para hacer la fiesta.

¿Dónde haremos la fiesta de los apartamentos?

Apartamento	Patio	Parque
	Rubén	Sam
	Gloria	
	Mai	

Ya están todos los **resultados**. La mayoría piensa que el patio es el mejor lugar para hacer la fiesta. Habrá mucho espacio para jugar en el área entre los edificios de apartamentos. La fiesta también estará cerca de los vecinos.

¿Dónde haremos la fiesta de los apartamentos?

Apartamento	Patio	Parque
Clancy	Rubén	Sam
	Gloria	Kim
	Mai	Emma
	Jesse	
	Sophie	

Capítulo 2:

¿Qué haremos en la fiesta?

Ahora, los niños decidirán qué tipo de comida llevarán a la fiesta.

¿Deberían llevar palomitas? ¿Quizás pretzels o zanahorias con salsa?

Sophie piensa que tiras de queso y rebanadas de manzana son opciones buenas.

Jesse escribe las ideas en un papel. Todos votan por su comida favorita. Jesse hace **marcas de conteo** en su tabla de conteo para registrar los votos.

¿Qué les gustaría comer a los vecinos? Les preguntarán a algunos vecinos. Después añadirán estos **datos** a su tabla de conteo.

Comida para la fiesta de verano de los apartamentos	
Palomitas	II
Pretzels	I
Zanahorias	I
Queso	III
Manzanas	II

En la fiesta podría haber limonada, agua, leche y jugo.

La abuela de Emma dice que también debería haber bebidas en la fiesta. Rubén piensa que la limonada sería excelente. También pueden tomar agua. Algunos podrían querer leche o jugo de naranja.

Gloria hace una lista de las opciones. Los niños votan por su bebida favorita.

Gloria dibuja un punto por cada voto. La limonada obtiene más votos. ¿Les gustará a los vecinos? Les preguntará para saberlo.

Bebidas para la fiesta de verano de los apartamentos

Bebidas		0	1	2	3	4	5	6	7	8	9	10
	Limonada	●	●	●	●							
	Agua											
	Leche	●	●									
	Jugo de naranja	●	●	●								

Número de votos

Sería divertido jugar al juego de las sillas en la fiesta.

Deben jugar un juego en la fiesta. Sería divertido un juego que todos puedan jugar. El de las sillas es divertido. A algunos les gustaría jugar a los encantados. Todos podrían jugar a la búsqueda del tesoro.

Rubén hace una lista de opciones para juegos. Los niños votan por su juego favorito. Él registra los datos en su cuadrícula. Rubén hace una **gráfica de barras**.

Los niños votan por jugar a las sillas en la fiesta.

Capítulo 3:
¿Cuál es tu favorito?

Los niños han escogido su comida, bebida y juego favoritos. Ahora hablarán con algunos vecinos. Los niños les pedirán que también voten.

Los niños les piden a los vecinos que voten por su comida, bebida y juego favoritos.

Los niños se reunirán de nuevo en el apartamento de Emma. Añadirán los datos a las gráficas. Luego terminarán de planear la fiesta.

La señora Hernández vota por el juego de las sillas.

La señora Hernández es la mamá de Jesse. Piensa que el juego de las sillas sería el más divertido para todos. Rubén registra su voto en la gráfica. Ahora hay seis votos para el juego de las sillas.

El señor Orta vota por rebanadas de manzana.

El señor Orta vive al lado de Sophie.
Piensa que las rebanadas de manzana son
un buen refrigerio para la fiesta. Jesse hace
una marca de conteo junto a rebanadas
de manzana. La señora Orta también vota
por rebanadas de manzana. Ahora las
manzanas tienen cuatro votos.

Capítulo 4:
¡Ya están los resultados!

Los niños hablan con muchos vecinos.
Después regresan al apartamento de
Emma. Observan los datos.

Gloria muestra la gráfica de bebidas. La limonada tiene la mayoría de votos. Ocho personas dijeron que la limonada es su bebida favorita. Tendrán limonada en la fiesta.

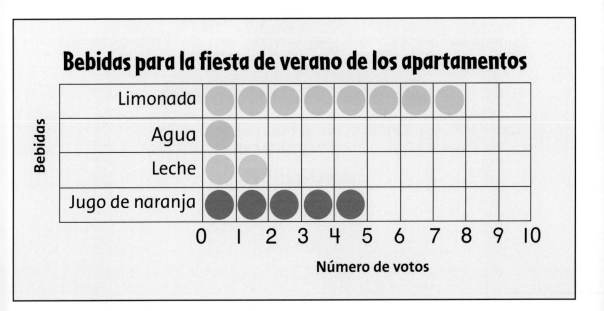

Jesse muestra la tabla de conteo que hizo. Dos comidas tienen el mismo número de votos. El queso y la manzana tienen cinco votos cada uno. Servirán ambos en la fiesta.

Comida para la fiesta de verano de los apartamentos

Comida	Conteo
Palomitas	III
Pretzels	I
Zanahorias	II
Queso	IIIII
Manzanas	IIIII

Rubén muestra la gráfica de barras que hizo. La barra más alta es del juego de las sillas. Obtuvo la mayoría de votos. Los niños piensan que a todos les gustará ese juego.

Los planes para la fiesta de verano de los apartamentos están terminados.

Los planes para la fiesta están hechos. Los niños servirán tiras de queso y rebanadas de manzana. Beberán limonada. Les pedirán a todos que jueguen el juego de las sillas.

Ahora los niños pueden invitar a los vecinos a la fiesta de verano de los apartamentos. ¡Todos se divertirán!

¡Ven a la fiesta de verano de los apartamentos en el patio el próximo sábado!

Glosario

datos: hechos o información

gráfica de barras: una imagen que usa barras de diferentes tamaños para mostrar números o cantidades diferentes

marca de conteo: la marca en una tabla para llevar la cuenta que representa una cosa

resultado: una consecuencia o un logro

Nota acerca de la autora

Jennifer Marrewa es una ex maestra de primaria que escribe libros para niños, poesía, no ficción, y materiales educativos suplementarios. Vive en California con su esposo y dos niños.